Jasmin Boller
Heike Jauernig

DaZ an Stationen

Handlungsorientierte Materialien für
Deutsch als Zweitsprache

Klasse 1–4

 Auer

Die Herausgeber:

Marco Bettner – Rektor als Ausbildungsleiter, Haupt- und Realschullehrer, Referent in der Lehrerfort- und Lehrerweiterbildung, zahlreiche Veröffentlichungen als Autor und Herausgeber

Dr. Erik Dinges – Rektor einer Förderschule für Lernhilfe, Referent in der Lehrerfort- und Lehrerweiterbildung, zahlreiche Veröffentlichungen als Autor und Herausgeber

Die Autorinnen:

Jasmin Boller – Grundschullehrerin und Autorin
Heike Jauernig – Grundschullehrerin und Autorin

GRATIS-DOWNLOADS
für das Fach Deutsch

Sichern Sie sich eine kostenlose Lesespurgeschichte für den Deutschunterricht!

Download der Gratis-Materialien unter
www.auer-verlag.de/07446DK1

Gedruckt auf umweltbewusst gefertigtem, chlorfrei gebleichtem und alterungsbeständigem Papier.

2. Auflage 2017
© 2016 Auer Verlag
AAP Lehrerfachverlage GmbH, Augsburg
Alle Rechte vorbehalten
Covergestaltung: fotosatz griesheim GmbH
Coverillustration: Corina Beurenmeister
Illustrationen: Corina Beurenmeister
Satz: Fotosatz Buck, Kumhausen
Druck und Bindung: Aubele Druck GmbH, Kempten
ISBN 978-3-403-**07941**-5

www.auer-verlag.de

Inhalt

Vorwort

Bei den vorliegenden Stationsarbeiten handelt es sich um eine Arbeitsform, bei der unterschiedliche Lernvoraussetzungen, unterschiedliche Zugänge und Betrachtungsweisen und unterschiedliche Lern- und Arbeitstempi der Schülerinnen und Schüler Berücksichtigung finden. Die Grundidee ist, den Schülerinnen und Schülern einzelne Arbeitsstationen anzubieten, an denen sie gleichzeitig selbstständig arbeiten können. Die Reihenfolge des Bearbeitens der einzelnen Stationen ist dabei ebenso frei wählbar wie das Arbeitstempo und meist auch die Sozialform.

Als dominierende Unterrichtsprinzipien sind bei allen Stationen die Schüler- und Handlungsorientierung aufzuführen. Schülerorientierung meint, dass der Lehrer in den Hintergrund tritt und nicht mehr im Mittelpunkt der Interaktion steht. Er wird zum Beobachter, Berater und Moderator. Seine Aufgabe ist nicht das Strukturieren und Darbieten des Lerngegenstandes in kleinsten Schritten, sondern durch die vorbereiteten Stationen eine Lernatmosphäre zu schaffen, in der Schülerinnen und Schüler sich Unterrichtsinhalte eigenständig erarbeiten bzw. Lerninhalte festigen und vertiefen können.

Handlungsorientierung meint, dass das angebotene Material und die Arbeitsaufträge für sich selbst sprechen. Der Unterrichtsgegenstand und die zu gewinnenden Erkenntnisse werden nicht durch den Lehrer dargeboten, sondern durch die Auseinandersetzung mit dem Material und die eigene Tätigkeit gewonnen und begriffen.

Ziel der Veröffentlichung ist, wie oben angesprochen, das Anknüpfen an unterschiedliche Lernvoraussetzungen der Schülerinnen und Schüler. Jeder einzelne Schüler erhält seinen eigenen Zugang zum inhaltlichen Lernstoff. Die einzelnen Stationen ermöglichen das Lernen nach allen Sinnen bzw. nach den verschiedenen Eingangskanälen. Dabei werden sowohl visuelle (sehorientierte), haptische (fühlorientierte) als auch intellektuelle Lerntypen angesprochen. An dieser Stelle werden auch gleichermaßen die Bruner'schen Repräsentationsebenen (enaktiv bzw. handelnd, ikonisch bzw. visuell und symbolisch) mit einbezogen. Aus Ergebnissen der Wissenschaft ist bekannt: Je mehr Eingangskanäle angesprochen werden, umso besser und langfristiger wird Wissen gespeichert und damit umso fester verankert. Das vorliegende Arbeitsheft unterstützt in diesem Zusammenhang das Erinnerungsvermögen, das nicht nur an Einzelheiten und Begriffe geknüpft ist, sondern häufig auch an die Lernsituation.

Folgende Inhalte des Englischunterrichts werden innerhalb der verschiedenen Stationen behandelt:

- Zahlen und Farben
- Kleidung
- Nahrungsmittel
- Schulsachen
- Haus
- Fahrzeuge
- In der Stadt

Lehrerinformationen

Im Fremdsprachen- und DaZ-Unterricht der Grundschule sollen neben den beiden Fertigkeiten Hören und Sprechen auch Lesen und Schreiben phasenweise im Rahmen einer Unterrichtseinheit trainiert werden, nachdem der neue Wortschatz phonetisch gesichert wurde.

Das Schreiben der aus mündlichen Anwendungen und durch Leseaufgaben vertrauten Wörter hat dabei eine lernunterstützende Funktion. Gemäß Lehrplan schreiben Kinder Wörter nach Vorlage ab und fügen sie beispielsweise in Lückentexte ein.

Aus lernpsychologischer Sicht ist es für das dauerhafte Memorieren günstiger, wenn ein neu zu erlernendes Wort nicht nur als akustischer Reiz, sondern möglichst in einer Kombination mit anderen Sinnesreizen, wie etwa durch die gleichzeitige visuelle oder kinästhetische Unterstützung anhand des Schriftbildes oder des Schreibens, angeboten wird. So wirkt die Feinmotorik beim Abschreiben einzelner Wörter positiv auf die Einprägung.

Die Kopiervorlagen sind so gestaltet, dass durch Text und Bilder eine Differenzierung möglich ist. Leistungsschwächere Kinder können durch die Bilder den bereits eingeführten Wortschatz abrufen. Leistungsstarke Schülerinnen und Schüler hingegen können sich ausschließlich auf den Text konzentrieren.

Die Arbeitsanweisungen wurden ausschließlich in Deutsch verfasst und durch grafische Darstellungen unterstützt.

Bei den Namen wurden bewusst Vornamen gewählt, die aktuell geläufig in Deutschland sind, damit die DaZ-Kinder auf diese Weise schon einmal mit „deutschen" Namen in Berührung kommen.

Die abwechslungsreichen Übungsformen dieser Stationsarbeiten eignen sich auch für das selbstständige und individuelle Lernen in Willkommens- und Vorbereitungsklassen sowie in Förderstunden und den Freiarbeitsphasen des täglichen Unterrichts.

Erklärung der Piktogramme

- produktive und kommunikative Sprachübung
- Mehrere Sprechblasen weisen auf Partner- bzw. Gruppenarbeit hin.
- Wird abwechselnd geübt, können Häkchen in die Sprechblasen am Ende des Arbeitsauftrages eingetragen werden.

Schreibübung

Leseverständnis

Übung zum Hörverständnis

ausmalen

Materialaufstellung

Zahlen und Farben

Station 1: Zählen

- 1 Kopie für jeweils 2 Personen
- Streichhölzer

Station 2: Lies und male!
- 1 Kopie pro Person

Station 3: Interview
- 1 Kopie pro Person

Station 4/5: Welche Farbe/Zahl fehlt?
- Arbeitsanweisung: 1 Kopie für jeweils 2 Personen
- Herzen/Zahlen in allen Farben anmalen, laminieren und auschneiden

Station 6: Male den Clown an!
- 1 Kopie pro Person

Station 7: Angeln
- 1 Kopie pro Person
- Büroklammern
- Magnetangeln

Station 8: Meine Raupe
- 1 Kopie pro Person

Kleidung

Station 1: Was passt nicht?

- 1 Kopie pro Person

Station 2: Wer ist es?
- 1 Kopie für jeweils 2 Personen

Station 3: Lies und male!
- 1 Kopie pro Person

Station 4: Höre und male!
- 1 Kopie pro Person

Station 5: Quartett
- Arbeitsanweisung: 1 Kopie für jeweils 2 Personen
- Quartett pro Gruppe 1-mal kopieren, laminieren und ausschneiden

Station 6: Kreuzworträtsel
- 1 Kopie pro Person

Station 7: Beschriftung
- 1 Kopie pro Person

Nahrungsmittel

Obst

Station 1: Quartett

- Arbeitsanweisung: 1 Kopie für jeweils 2 Personen
- Quartett pro Gruppe 1-mal kopieren, laminieren und ausschneiden

Station 2: Interview: Obst
- 1 Kopie pro Person

Station 3: Buntes Obst
- 1 Kopie pro Person
- Obstschale

Station 4: Suchsel
- 1 Kopie pro Person

Frühstück
Station 5: Guten Appetit!

- 1 Kopie pro Person

Station 6: Geheimschrift
- 1 Kopie pro Person

Station 7: Lies und male!
- 1 Kopie pro Person

Station 8: Was passt nicht?
- 1 Kopie pro Person

Pausenbrot
Station 9: Leckere Pausenbrote

- 1 Kopie pro Person

Station 10: Kreuzworträtsel
- 1 Kopie pro Person

Station 11: Lückentext
- 1 Kopie pro Person

Station 12: Buchstabensalat
- 1 Kopie pro Person

Schulsachen

Station 1: Lies und male!

- 1 Kopie pro Person

Station 2: Quartett
- Arbeitsanweisung: 1 Kopie für jeweils 2 Personen
- Quartett pro Gruppe 1-mal kopieren, laminieren und ausschneiden

Station 3: Höre und male!
- 1 Kopie pro Person

Station 4: Viele Schulsachen
- 1 Kopie pro Person

Station 5: Suchsel
- 1 Kopie pro Person

Station 6: Male und schreibe!
- 1 Kopie pro Person

Station 7: Wo ist es?
- 1 Kopie pro Person

Haus

Station 1: Wo ist es?

- 1 Kopie pro Person

Station 2: Das Haus
- 1 Kopie (DIN A3) pro Person

Station 3: Montagsmaler
- 1 Kopie pro Person

Station 4: Lies und male!
- 1 Kopie pro Person

Station 5: Quartett
- Arbeitsanweisung: 1 Kopie für jeweils 2 Personen
- Quartett pro Gruppe 1-mal kopieren, laminieren und ausschneiden

Station 6: Was passt nicht?
- 1 Kopie pro Person

Station 7: Höre und male!
- 1 Kopie pro Person

Station 8: Lückentext
- 1 Kopie pro Person

Fahrzeuge

Station 1: Lies und kreuze an!

- 1 Kopie pro Person

Station 2: Beschriftung
- 1 Kopie pro Person

Station 3: Kannst du ...?
- Arbeitsanweisung: 1 Kopie für jeweils 2 Personen
- Karten pro Gruppe 1-mal kopieren, laminieren und ausschneiden
- Würfel

Station 4: Lies und male an!
- 1 Kopie pro Person

Station 5: Interview
- 1 Kopie pro Person

Station 6: Labyrinth
- 1 Kopie pro Person

Station 7: Buchstabensalat
- 1 Kopie (DIN A3) pro Person

In der Stadt

Station 1: Beschriftung

- 1 Kopie pro Person

Station 2: Montagsmaler
- 1 Kopie pro Person

Station 3: Wo ist ...?
- Arbeitsanweisung: 1 Kopie für jeweils 2 Personen
- Karten pro Gruppe 1-mal kopieren, laminieren und ausschneiden
- Stadtplan: 1 Kopie für jeweils 2 Personen

Station 4: Höre und male!
- 1 Kopie pro Person

Station 5: Schiffe versenken
- 1 Kopie pro Person

Station 6: Buchstabensalat
- 1 Kopie pro Person

Station 7: Labyrinth
- 1 Kopie pro Person

Einzuführender Wortschatz

Zahlen und Farben

Vokabular: Zahlen von 1–20
rot, grün, gelb, blau, braun, weiß, schwarz, orange, rosa, lila, grau

Chunks/
Redemittel:
– Zähle!
– Was ist deine Lieblingszahl?   Meine Lieblingszahl ist …
– Was ist deine Lieblingsfarbe?   Meine Lieblingsfarbe ist …
– Welche Farbe/Zahl fehlt?   Die rote Farbe/Zahl Drei fehlt.
– Welche Farbe hat dein/deine …?   Mein/meine … ist … (grün).
– Wie ist es?   Es ist … (grün).

Kleidung

Vokabular: T-Shirt, Bluse, Kleid, Jeans, Pullover, Jacke, Mantel, Rock, Hemd, Hose, kurze
Hose, Strumpfhose, Socken, Schal, Kappe, Hut, Mütze, Turnschuhe, Stiefel, Schuhe

Chunks/
Redemittel:
– Der Junge/Das Mädchen hat … an.
– Er/Sie trägt …
– Wer ist es?
– Ist es …?   Ja, es ist …./Nein, es ist nicht …
– Hast du den/die/das …?   Ja, ich habe den/die/das … Bitte (schön).
                                       Nein, ich habe den/die/das … nicht.

Nahrungsmittel

Vokabular: Obst: Apfel/Äpfel, Kirsche/Kirschen, Orange/Orangen, Birne/Birnen,
Pfirsich/Pfirsiche, Erdbeere/Erdbeeren, Banane/Bananen, Zitrone/Zitronen
Frühstück: Butter, Brot, Eier, Milch, Käse, Marmelade, Honig, Toast, Tee
Pausenbrot: Salat, Gurken, Schinken, Salami, Tomaten, Toast, Brot, Eier, Käse

Chunks/
Redemittel:
–Welche Farbe hat dein/deine …?   Mein/meine … ist … (grün).
– Kann ich bitte den/die/das … haben?
– Bitte (schön).
– Danke (schön).
– Gern geschehen.
– Was möchtest du zum Frühstück?   Ich möchte …
– Es ist ein Pausenbrot mit …
– Hast du zwei …?   Ja, ich habe zwei … Bitte (schön).
                                       Nein, ich habe keine …
– Magst du …?   Ja, mag ich./Nein, mag ich nicht.

Schulsachen

Vokabular: Spitzer, Radiergummi, Buch, Schultasche, Mäppchen, Bleistift, Füller, Filzstift,
Tafel, Lineal, Schnellhefter, Heft
auf, hinter, neben, unter, in, vor

Chunks/
Redemittel:
– Der/Die/Das … ist …
– Hast du vier …?   Ja, ich habe vier … Bitte (schön).
Nein, ich habe keine zwei …
– … hat …
– Das ist ein/eine …

Haus

Vokabular:
Schlafzimmer: Kleiderschrank, Wecker, Bett, Lampe – Kinderzimmer: Bücherregal, Tisch, Kleiderschrank, Stockbett – Badezimmer: Badewanne, Waschbecken, Toilette, Dusche – Küche: Spüle, Kühlschrank, Backofen, Herd, Toaster – Wohnzimmer: Sofa, Sessel, Fernseher, Tisch – Esszimmer: Stuhl, Tisch, Regal, Teppich – Flur: Teppich, Mantel, Regal, Lampe – Garage: Auto, Fahrrad – Dachboden

Chunks/
Redemittel:
– Im/In der … (Flur/Küche …) ist/steht ein/eine…
– Ist es der/die/das … ?   Nein, es ist nicht der/die/das …
                                       Ja, es ist der/die/das …
– Hast du den/die/das …?   Ja, ich habe den/die/das …
                                       Nein, ich habe nicht den/die/das …
– Ich habe …

Fahrzeuge

Vokabular:
Auto, Bus, Fahrrad, Zug, Boot, Rakete, Lastwagen, Flugzeug, Taxi, U-Bahn, Fähre, Heißluftballon, U-Boot, Schiff, Flugzeug, Hubschrauber, Rennauto, Motorrad, Traktor

Chunks/
Redemittel:
– Ich sehe ein/eine …
– Kannst du ein/eine … fahren/lenken/steuern?
– Fährst du mit dem/der … zur Schule …?
                        Ja, ich fahre mit dem/der … zur Schule.
                        Nein, ich fahre nicht mit dem/der … zur Schule.
Läufst du zur Schule?
– … fährt/fliegt mit dem/der … zum/zur …

In der Stadt

Vokabular:
Post, Bushaltestelle, Stadtplan, Polizei, Feuerwehr, Bank, Supermarkt, Krankenhaus, Straße, Hotel, Spielplatz, Schule

Chunks/
Redemittel:
– Ist es ein/eine …?   Ja, es ist ein/eine …/Nein, es ist kein/keine …
– Wo ist der/die/das …?   Er/Sie/Es ist … in der …
                                – In … ist ein/eine … in der …
                                – Ist in der … ein/eine …?
                                Ja, in der … ist ein/eine … Treffer!
                                Nein, in der … ist kein/keine …
– … fährt mit dem Bus zum/zur …

1.   Arbeite mit einem Partner  .

Legt Streichhölzer auf den Tisch.

 : „Zähle!"

 : „Eins, zwei, drei …"

2.   Wechselt euch ab und hakt ab ✓:

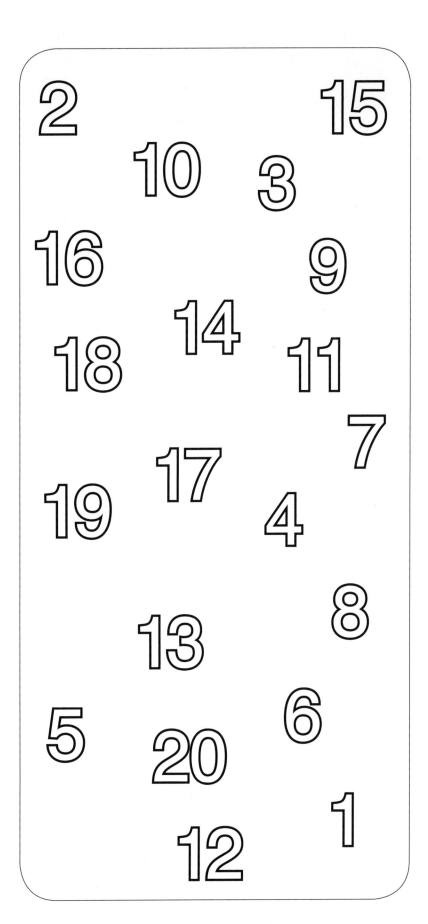

Lies und male an.

Die **Sieben** ist **grün**.

Die **Zwei** ist **gelb**.

Die **Fünfzehn** ist **lila**.

Die **Neun** ist **grau**.

Die **Zwanzig** ist **orange**.

Die **Vierzehn** ist **schwarz**.

Die **Elf** ist **braun**.

Die **Drei** ist **weiß**.

Die **Achtzehn** ist **rot**.

Die **Sechzehn** ist **blau**.

Die **Zehn** ist **rosa**.

Die **Eins** ist **rot**.

Die **Vier** ist **blau**.

Die **Fünf** ist **grün**.

Die **Sechs** ist **lila**.

Die **Acht** ist **braun**.

Die **Zwölf** ist **schwarz**.

Die **Dreizehn** ist **grün**.

Die **Neunzehn** ist **blau**.

Die **Siebzehn** ist **rosa**.

J. Boller/H. Jauernig: DaZ an Stationen
© Auer Verlag

 Was ist deine Lieblingsfarbe?
Was ist deine Lieblingszahl?

 Meine Lieblingsfarbe ist ...
Meine Lieblingszahl ist ...

Name	Lieblingsfarbe	Lieblingszahl

J. Boller/H. Jauernig: DaZ an Stationen
© Auer Verlag

1. Arbeite mit einem Partner .

: „Schließe deine Augen!"

Nimm eine Karte weg.

: „Öffne deine Augen. Welche Farbe/Zahl fehlt?"

: „Die … (rote …) Farbe fehlt."
„Die Zahl … (Zwei, Neun …) fehlt."

2. Wechselt euch ab und hakt ab ✓:

Die Herzen weiß, gelb, orange, rosa, rot, lila, blau, grün, grau, braun und schwarz ausmalen. Danach ausschneiden.

1	2	3	4
5	6	7	8
9	10	11	12
13	14	15	16
17	18	19	20

J. Boller/H. Jauernig: DaZ an Stationen
© Auer Verlag

Male an ✏.

1. Male die Fische an und schneide ✂ sie aus.

    Befestige Büroklammern ⬭ an den Fischen.

2. Arbeite mit einem Partner . Angelt!

 : „Mein Fisch ist … (grün, rot, gelb …).
Welche Farbe hat dein Fisch?"

„Mein Fisch ist …
Welche Farbe hat dein Fisch?"

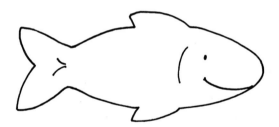

 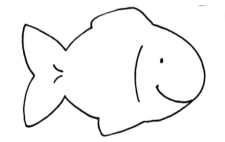

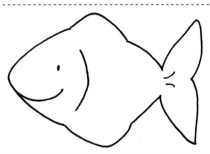 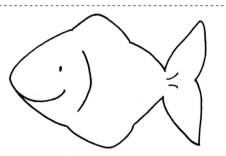

J. Boller/H. Jauernig: DaZ an Stationen
© Auer Verlag

Station 8	Meine Raupe		Farben und Zahlen

1. Male ✏ die Raupe an.

> gelb   grün   rot   blau
> grau   weiß   braun   rosa
> schwarz   orange   lila

2. Arbeite mit einem Partner .

Zeige auf eine Farbe und frage ⬭ : „Wie ist es?"

 : „Es ist … (blau, gelb, grün …)."

3. Schneide ✂ die Wörter auf und klebe 🖊 sie neben die richtige Farbe.

weiß	gelb	orange	rot	rosa	blau
lila	grün	braun	grau	schwarz	

 Schreibe ✏ die Wörter neben die richtige Farbe.

J. Boller/H. Jauernig: DaZ an Stationen
© Auer Verlag

Welches Wort passt nicht? Streiche es durch ✕✏️.

Warum ist es anders _____ ✏️?

3 x	Zahl
3 x	Tier
2 x	Körperteil
2 x	Farbe

1	T-Shirt	Bluse	~~neun~~	Hemd	**Zahl**
2	Turnschuhe	Vogel	Stiefel	Schuhe	_____
3	Haare	Jeans	Pullover	Rock	_____
4	Jacke	Mantel	grün	Bluse	_____
5	Rock	fünf	Hemd	Hose	_____
6	Strumpfhose	Kleid	Rock	Hund	_____
7	Katze	Socken	Mütze	Hut	_____
8	Schal	Turnschuhe	Mantel	zwei	_____
9	Fuß	Hemd	Jacke	Schuhe	_____
10	T-Shirt	rot	Strumpfhose	Jeans	_____

T-Shirt   Bluse    Kleid   Jeans   Pullover   Jacke

Mantel    Rock   Hemd    Hose   Strumpfhose   Socken

Kappe   Hut   Schal   Turnschuhe    Stiefel    Schuhe

1. Arbeite mit einem Partner  .

2. Beschreibe einen Jungen/ein Mädchen in deiner Klasse:

 : „Der Junge trägt … (ein blaues T-Shirt, eine schwarze Hose …)
Wer ist es?"

 : „Ist es … (Finn, Murat …)?"

 : „Ja, es ist …"/„Nein, es ist nicht …"

3. Wechselt euch ab und hakt ab ✓ :

Lies 👓 und male ✏.

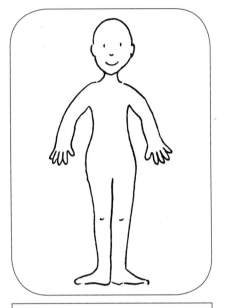

Das Mädchen hat ein rotes Kleid und graue Schuhe an. Die Haare sind schwarz.

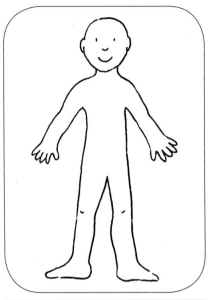

Der Junge hat einen grünen Pullover, eine braune Hose und schwarze Schuhe an. Seine Haare sind braun. Er hält eine blaue Jacke in der Hand.

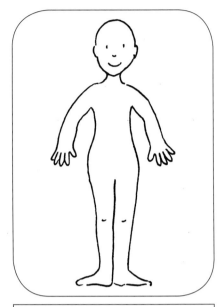

Das Mädchen hat eine rosa Bluse, einen blauen Rock und grüne Schuhe an. Es hat dunkelbraune Haare.

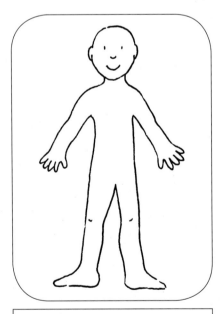

Dieser Junge hat eine blaue Jeans und ein schwarz-grünes T-Shirt an. Seine Turnschuhe sind grün. Seine Haare sind blond.

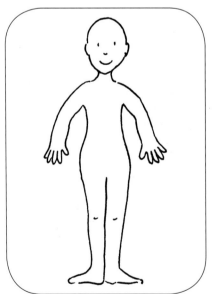

Das Mädchen hat einen roten Mantel an und trägt einen weißen Hut. Die Strumpfhose ist blau, die Stiefel sind grau. Die Haare sind lila.

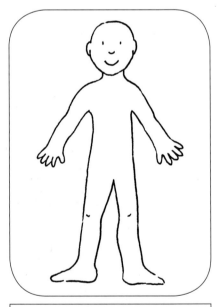

Der Junge trägt ein blaues Hemd, eine schwarze kurze Hose und eine gelbe Kappe. Seine Turnschuhe sind weiß und seine Haare sind rot.

J. Boller/H. Jauernig: DaZ an Stationen
© Auer Verlag

1. Arbeite mit einem Partner  .

2. 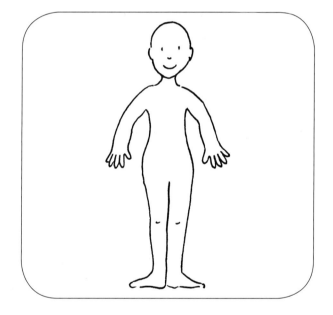 : „Er/Sie trägt ein/eine … (blaues T-Shirt, rotes Kleid …)."

Höre 😊 und male ✏ .

3. Wechselt euch ab.

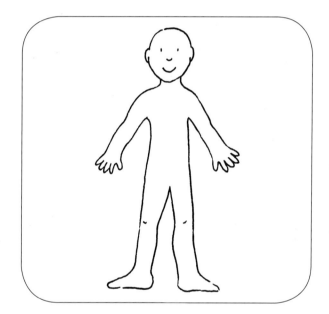

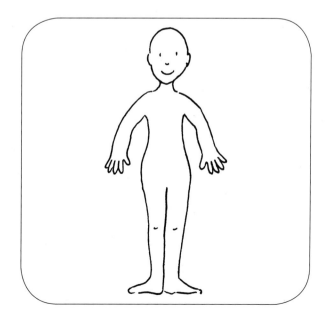

1. Arbeite mit Partnern

2. Verteilt alle Karten an die Spieler.

3. 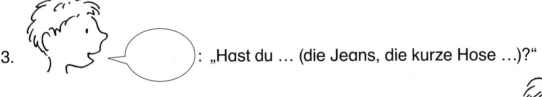 : „Hast du … (die Jeans, die kurze Hose …)?"

„ Ja, ich habe … Bitte schön." „Nein, ich habe … nicht.

4. Wechselt euch ab.

> Hast du das Hemd?

> Ja, ich habe das Hemd. Bitte schön.

die Jeans

die Stiefel

den Pullover

die Mütze

den Rock

den Pullover

die Stiefel

die Strumpfhose

die Hose

das T-Shirt

die Turnschuhe

die Kappe

das Kleid

die Mütze

die Strumpfhose

die Stiefel

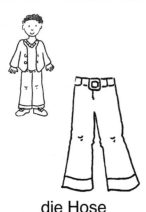 die Hose	 den Pullover	 die Schuhe	 die Jacke
 den Rock	 die Strümpfe	 die Bluse	 die Schuhe
 die Kappe	 das Hemd	 die kurze Hose	 die Turnschuhe
 die kurze Hose	 die Strümpfe	 den Pullover	 die Turnschuhe

J. Boller/H. Jauernig: DaZ an Stationen
© Auer Verlag

Mein Lösungswort: ___ ___ ___ ___ ___ ___ ___ G

1 2 3 4 5 6 7

Trage die Namen ein ✎.

Jacke	Socken	Strumpfhose	Kappe	Hut
Pullover	Hemd	Turnschuhe	Stiefel	Hose	Rock

Station 1   *Quartett*

Nahrungs-
mittel

1. Arbeite mit Partnern .

2. Verteilt alle Karten an die Spieler .

3.  : „Hast du … (zwei Äpfel, vier Orangen …)?"

   „Ja, ich habe … Bitte schön."
   „Nein, ich habe keine …"

4. Wechselt euch ab.

Hast du zwei Äpfel?

Ja, ich habe zwei Äpfel.
Bitte schön.

8	9	10

1

einen Pfirsich

1	9	10

8

acht Pfirsiche

1	8	10

9

neun Pfirsiche

1	8	9

10

zehn Pfirsiche

11	12	13

1

eine Birne

1	12	13

11

elf Birnen

1	11	13

12

zwölf Birnen

1	11	12

13

dreizehn Birnen

13	14	15

1

eine Orange

1	14	15

13

dreizehn Orangen

1	13	15

14

vierzehn Orangen

1	13	14

15

fünfzehn Orangen

14	15	16

1

eine Kirsche

1	15	16

14

vierzehn Kirschen

1	14	16

15

fünfzehn Kirschen

1	14	15

16

sechzehn Kirschen

J. Boller/H. Jauernig: DaZ an Stationen © Auer Verlag

16	17	18

1

eine Erdbeere

1	17	18

16

sechzehn Erdbeeren

1	16	18

17

siebzehn Erdbeeren

1	16	17

18

achtzehn Erdbeeren

18	19	20

1

eine Banane

1	19	20

18

achtzehn Bananen

1	18	20

19

neunzehn Bananen

1	18	19

20

zwanzig Bananen

2	3	4

1

einen Apfel

1	3	4

2

zwei Äpfel

1	2	4

3

drei Äpfel

1	2	3

4

vier Äpfel

5	6	7

1

eine Zitrone

1	6	7

5

fünf Zitronen

1	5	7

6

sechs Zitronen

1	5	6

7

sieben Zitronen

Station 2	Interview: Obst		Nahrungs-mittel

"Ja, mag ich."
"Nein, mag ich nicht."

☒
☑

"Magst du ... (Bananen, Pfirsiche, ...)?"

Name	Äpfel	Orangen	Erdbeeren	Kirschen	Zitronen	Bananen	Birnen	Pfirsiche

1. Male 🖉 das Obst an und schneide ✂ es aus.

   Legt es in die Schale  .

2. Arbeite mit einem Partner .

   Zieht eine Karte.

 : „Mein(e) … (Birne, Kirsche …) ist … (grün, rot, gelb …).
Welche Farbe hat dein(e) …?"

 : „Mein(e) … (Birne, Kirsche …) ist …
Welche Farbe hat dein(e) …?"

Wechselt euch ab.

C	A	K	L	P	Z	E	Q	W	A	I	B	C	H	L
R	P	E	P	F	I	R	S	I	C	H	Z	O	P	T
A	F	F	G	I	T	A	Q	X	Z	U	E	E	B	J
X	E	V	F	B	R	U	R	A	C	F	G	S	I	T
E	L	E	M	A	L	T	J	O	A	G	H	K	M	A
N	U	I	O	N	Z	Z	I	T	R	O	N	E	M	N
L	A	Q	S	A	J	U	D	B	B	X	C	N	I	B
S	E	Z	J	N	F	C	A	G	W	T	Z	F	H	I
R	T	E	C	E	A	D	G	H	O	P	W	A	D	R
B	N	N	A	N	E	T	Z	U	E	O	E	K	J	N
H	R	E	S	U	K	L	I	K	I	R	S	C	H	E
D	F	X	A	B	P	U	R	B	M	A	G	B	C	Y
Q	E	F	H	U	L	O	V	N	Y	N	E	I	K	O
E	R	D	B	E	E	R	E	Z	T	G	U	T	S	A
A	P	F	H	R	L	C	H	G	Z	E	S	C	H	N

Apfel

Banane

Birne

Pfirsich

Erdbeere

Zitrone

Kirsche

Orange

Male ✐ die Wörter und die Bilder in der gleichen Farbe an.

✐ gelb

✐ orange

✐ blau

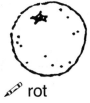

✐ rot

✐ rosa

✐ lila

✐ grau

✐ grün

J. Boller/H. Jauernig: DaZ an Stationen
© Auer Verlag

1. Arbeite mit einem Partner  .

2. Schneide ✂ die Karten aus und lege sie auf den Tisch.

: „Kann ich bitte den/die/das … (Brot, Butter …) haben?"

: „Bitte schön."

: „Danke schön."

: „Gern geschehen."

die Butter	das Brot	die Eier
die Milch	der Käse → den Käse	die Marmelade
der Honig → den Honig	der Toast → den Toast	der Tee → den Tee

Butter   Milch   Käse   Marmelade

Honig   Tee   Eier   Toast   Brot

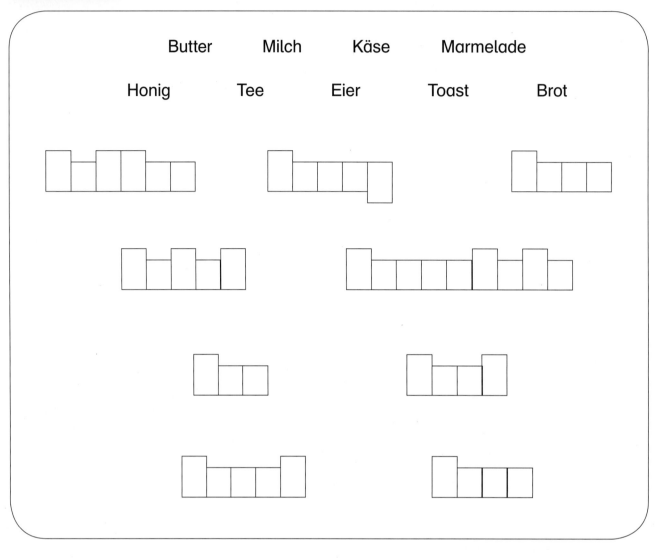

Lies ᧬ und male ✐.

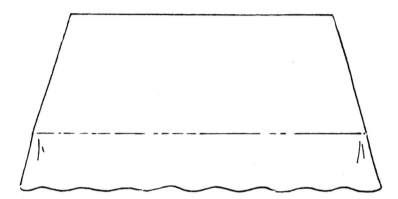

Luise möchte Toast, Eier und Marmelade zum Frühstück.

Nils möchte gerne Brot, Honig und Milch zum Frühstück.

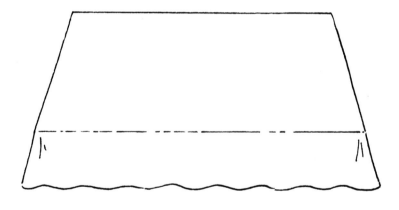

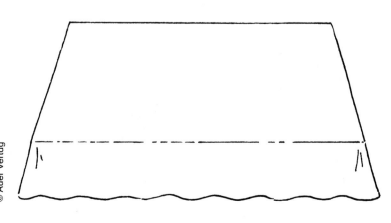

Greta möchte Toast, Butter, Käse und Tee zum Frühstück.

Welches Wort passt nicht? Streiche es durch ✕ ✏.

 Warum ist es anders _____ ✏ ?

2 x	Tier
3 x	Kleidung
1 x	Zahl
2 x	Farbe

1	Butter	Toast	~~Katze~~	Marmelade	___Tier___
2	Honig	Turnschuhe	Käse	Brot	_____
3	Marmelade	Eier	fünf	Butter	_____
4	rot	Milch	Toast	Honig	_____
5	Brot	Marmelade	Hose	Milch	_____
6	Käse	gelb	Eier	Brot	_____
7	Milch	Butter	Käse	Kleid	_____
8	Hund	Eier	Tee	Honig	_____

Butter

Brot

Eier

Milch

Käse

Honig

Toast

Tee

Marmelade

J. Boller/H. Jauernig: DaZ an Stationen
© Auer Verlag

Was ist auf deinem Pausenbrot? Schreibe ___✏ die Wörter auf.

> Ei, Salat, Käse,
> Gurke, Schinken,
> Salami, Tomate

Es ist ein Brot mit _____

_____

_____

_____

_____

_____

_____

_____

_____

_____

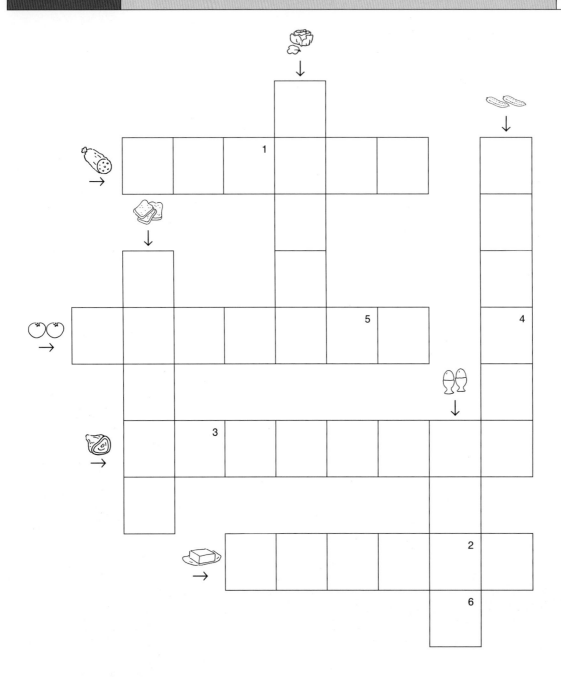

Mein Lösungswort: _____ _____ _____ _____ _____ _____
                     1   2   3   4   5   6

J. Boller/H. Jouernig: DaZ an Stationen
© Auer Verlag

Trage die fehlenden Buchstaben ein ___.

Tom hat ein Pausenbrot mit B＿ot, S＿l＿m＿, ＿u＿k＿n

und S＿la＿.

Julia hat ein Sandwich mit T＿as＿, S＿h＿n＿e＿,

＿oma＿e＿ und E＿ern.

Felix hat ein Paus_nbrot mit Br＿t, ＿om＿t＿n, ＿äs＿,

B＿tt＿r und Sa＿ ＿t.

Eva hat ein Pau＿enbr＿t mit ＿ro＿, Bu＿ ＿er,

Tom＿t＿ ＿, G＿rke＿ und ＿a＿at.

| a a a a a a a B c e e e e e G i i i k K l n n |
| n o o o r r S S t t t t t t t T T u u |

1. Ordne die Buchstaben und schreibe _____ die Wörter.

a m i a l S
u r G k e
u t r B e t
B o t r
s ä e K
i e E r — **Eier**
l a a t S
m o e T t a

2. Welches Wort fehlt? _____

J. Boller/H. Jauernig: DaZ an Stationen
© Auer Verlag

Lies und male an ✏.

Der Spitzer ist orange.	Der Bleistift ist schwarz
Der Radiergummi ist lila.	Der Füller ist grau.
Das Buch ist braun.	Der Filzstift ist weiß.
Der Schulranzen ist rot.	Die Tafel ist grün.
Das Federmäppchen ist grün.	Das Lineal ist gelb.
Das Heft ist blau.	Der Schnellhefter ist rosa.

1. Arbeite mit Partnern

2. Verteilt alle Karten an die Spieler

3.  : „Hast du … (vier Lineale, drei Bleistifte …)?"

„Ja, ich habe … Bitte schön."
„Nein, ich habe keine …

4. Wechselt euch ab.

J. Boller/H. Jauernig: DaZ an Stationen
© Auer Verlag

6	7	8

1

einen Füller

1	7	8

6

sechs Füller

1	6	8

7

sieben Füller

1	6	7

8

acht Füller

2	10	20

1

ein Buch

1	2	20

10

zehn Bücher

1	10	20

2

zwei Bücher

1	2	10

20

zwanzig Bücher

3	4	5

1

einen Radiergummi

1	4	5

3

drei Radiergummis

1	3	5

4

vier Radiergummis

1	3	4

5

fünf Radiergummis

9	11	12

1

ein Lineal

1	9	11

12

zwölf Lineale

1	9	12

11

elf Lineale

1	11	12

9

neun Lineale

15	16	17

1

einen Spitzer

1	16	17

15

fünfzehn Spitzer

1	15	17

16

sechzehn Spitzer

1	15	16

17

siebzehn Spitzer

10	19	20

1

einen Bleistift

1	10	20

19

neunzehn Bleistifte

1	10	19

20

zwanzig Bleistifte

1	19	20

10

zehn Bleistifte

12	18	19

1

ein Mäppchen

1	18	19

12

zwölf Mäppchen

1	12	19

18

achtzehn Mäppchen

1	12	18

19

neunzehn Mäppchen

14	15	16

1

einen Filzstift

1	15	16

14

vierzehn Filzstifte

1	14	16

15

fünfzehn Filzstifte

1	14	15

16

sechzehn Filzstifte

J. Boller/H. Jauernig: DaZ an Stationen
© Auer Verlag

1. Arbeite mit einem Partner  .

2. 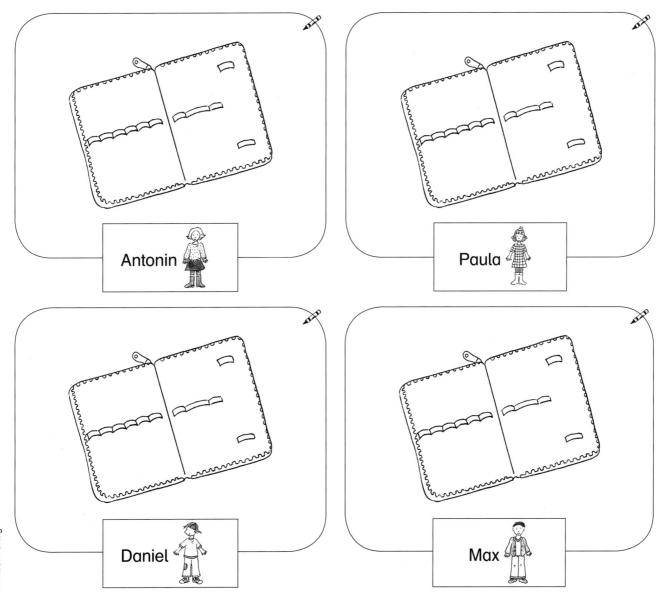 : „Lena hat … (fünf Bleistifte, zwei Lineale …)."

Höre 😊 und male ✏ die Schulsachen.

3. Wechselt euch ab.

Antonin

Paula

Daniel

Max

Sieh dir das Bild an und schreibe _____ ✏.

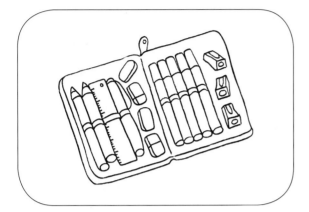

Clara hat zwei _____

_____

_____

_____

Paul hat _____

_____

_____

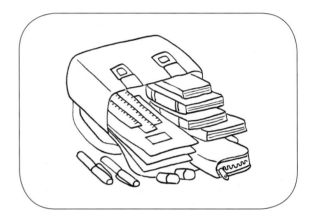

Oskar hat _____

_____

_____

_____

Luca hat _____

_____

_____

J. Boller/H. Jauernig: DaZ an Stationen
© Auer Verlag

Male ✏ die Wörter und Bilder in der gleichen Farbe an.

A	U	G	V	S	P	F	E	Z	U	V	B	W	E	H
B	L	E	I	S	T	I	F	T	J	S	X	M	L	E
E	R	D	Y	A	B	L	D	S	P	C	O	R	H	F
A	S	W	B	N	X	Z	T	U	K	H	L	I	M	T
R	L	F	R	A	E	S	U	G	B	U	C	H	Z	R
Z	M	Ü	G	F	A	T	J	F	I	L	G	E	R	M
S	J	L	H	S	P	I	T	Z	E	R	A	X	B	Ä
D	N	L	E	U	P	F	O	L	L	A	U	T	N	P
L	X	E	D	A	W	T	Z	E	B	N	S	A	M	P
O	R	R	Q	D	B	N	J	M	U	Z	F	F	U	C
W	E	O	F	I	O	P	L	E	X	E	S	E	I	H
L	I	N	E	A	L	A	Z	C	H	N	A	L	P	E
S	C	H	A	W	Q	R	E	D	I	Z	E	Q	O	N
Y	L	P	R	A	D	I	E	R	G	U	M	M	I	R
D	U	B	N	L	P	M	A	T	E	I	O	B	N	M

Lineal

Mäppchen

Filzstift

Bleistift

Tafel

Buch

Radiergummi

Füller

Schulranzen

Spitzer

Heft

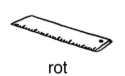

rot

blau

schwarz

gelb

braun

grau

grün

orange

weiß

rosa

lila

1. Male und schreibe einen Satz.

Das ist ein lila _____ .

Das ist ein _____ .

_____ .

_____ .

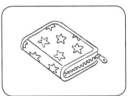

_____ .

_____ .

_____ .

_____ .

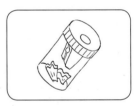

_____ .

_____ .

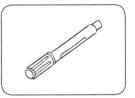

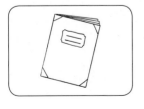

_____ .

_____ .

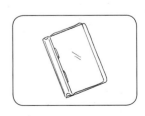

J. Boller/H. Jauernig: DaZ an Stationen
© Auer Verlag

Lies 👓 und male ✏.

> Drei grüne Bücher liegen **auf** dem Tisch. Ein rosa Schulranzen steht **hinter** dem Stuhl. **Neben** den grünen Büchern liegt ein blauer Ordner. Ein gelbes Lineal liegt **unter** dem rosa Stuhl und ein braunes Lineal ist **im** Schulranzen. Einige bunte Stifte liegen **vor** der Tafel. **Auf** der hellgrünen Tafel liegt ein grauer Schwamm. **Neben** dem Stuhl liegt ein Radiergummi. Er ist orange. Ein rotes Arbeitsheft liegt **auf** dem Stuhl. Fünf bunte Bücher stehen **im** Bücherregal.

Lies ⌢ und male ✏.

> **Im** Flur stehen ein lila Kühlschrank und eine grüne Toilette. **Im** Wohnzimmer
> ist ein Stockbett. **Neben** dem Stockbett stehen ein Herd und ein Backofen. Ein
> Affe sitzt **auf** dem Backofen. Im Badezimmer stehen ein Fernseher und ein
> Stuhl **in** der Dusche. **Hinter** der Badewanne steht ein Baum mit einem Toaster.
> **In** der Küche stehen ein Sofa und zwei gelbe Sessel. **Unter** einem Sessel liegt
> ein Wecker. Drei Kleiderschränke stehen **im** Schlafzimmer. **Vor** einem Kleider-
> schrank steht eine Kuh.

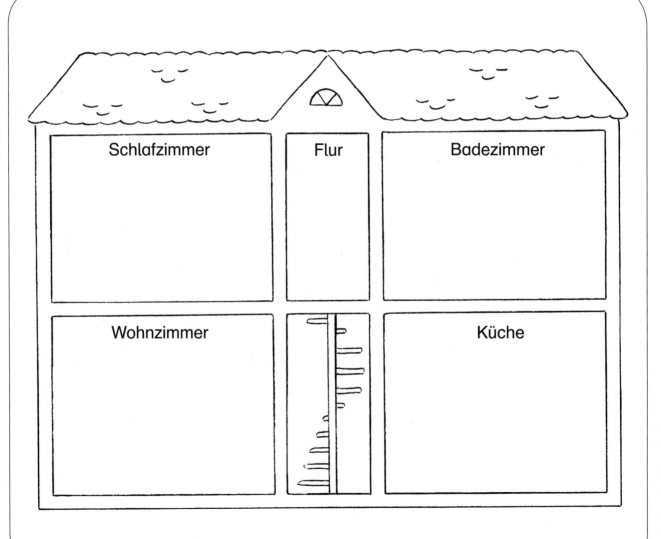

J. Boller/H. Jauernig: DaZ an Stationen
© Auer Verlag

Beschrifte ✎:

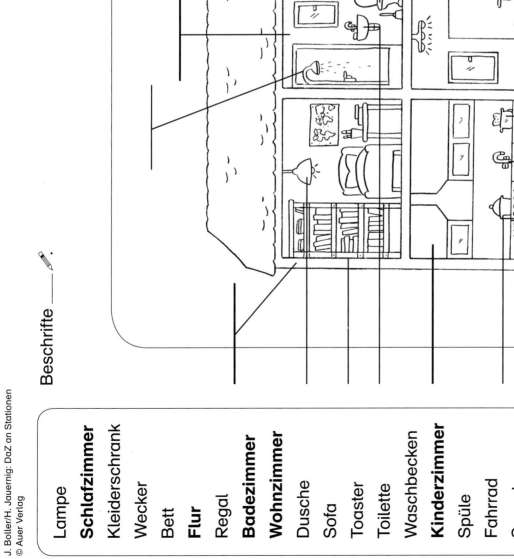

Lampe
Schlafzimmer
Kleiderschrank
Wecker
Bett
Flur
Regal
Badezimmer
Wohnzimmer
Dusche
Sofa
Toaster
Toilette
Waschbecken
Kinderzimmer
Spüle
Fahrrad
Sessel
Fernseher
Kühlschrank
Küche
Backofen
Herd

1. Arbeite mit einem Partner  .

2. Male 🖉 ein Zimmer (Badezimmer, Küche, Wohnzimmer …).

3.  : „Ist es der/die/das …?"

 : „Ja, es ist der/die/das …"/„Nein, es ist nicht der/die/das …"

J. Boller/H. Jauernig: DaZ an Stationen
© Auer Verlag

Lies 👓, hake ab ✓ und male ✏ dein Zimmer. Präsentiere in der Klasse.

In meinem Zimmer habe ich

☐ ein kleines Bett.

☐ ein großes Bett.

☐ ein Stockbett.

☐ kein Bett.

Es gibt

☐ einen Tisch.

☐ einen Stuhl.

☐ ein Regal.

☐ keine Badewanne.

Die Wände sind

☐ blau.

☐ rosa.

☐ grün.

☐ _____ .

Es gibt

☐ ein Fenster.

☐ zwei Fenster.

☐ drei Fenster.

☐ kein Fenster.

Ich habe

☐ einen grauen Teppich.

☐ einen schwarzen Teppich.

☐ einen bunten Teppich.

☐ keinen Teppich.

In meinem Zimmer habe ich

☐ viele Bücher.

☐ einen Computer.

☐ _____

☐ _____

Das ist mein Zimmer:

1. Arbeite mit Partnern

2. Verteilt alle Karten an die Spieler  .

3.    : „Hast du den/die/das … (Regal, Badewanne …)?"

    : „Ja, ich habe den/die/das … Bitte schön."
    „Nein, ich habe den/die/das nicht."

4.   Wechselt euch ab.

> Hast du das Regal?

> Ja, ich habe das Regal. Bitte schön.

J. Boller/H. Jauernig: DaZ an Stationen
© Auer Verlag

die Badewanne

die Dusche

das Waschbecken

die Toilette

den Kühlschrank

die Spüle

den Backofen

den Herd

das Regal

das Stockbett

den Schrank

den Tisch

den Wecker

das Bett

den Kleiderschrank

die Lampe

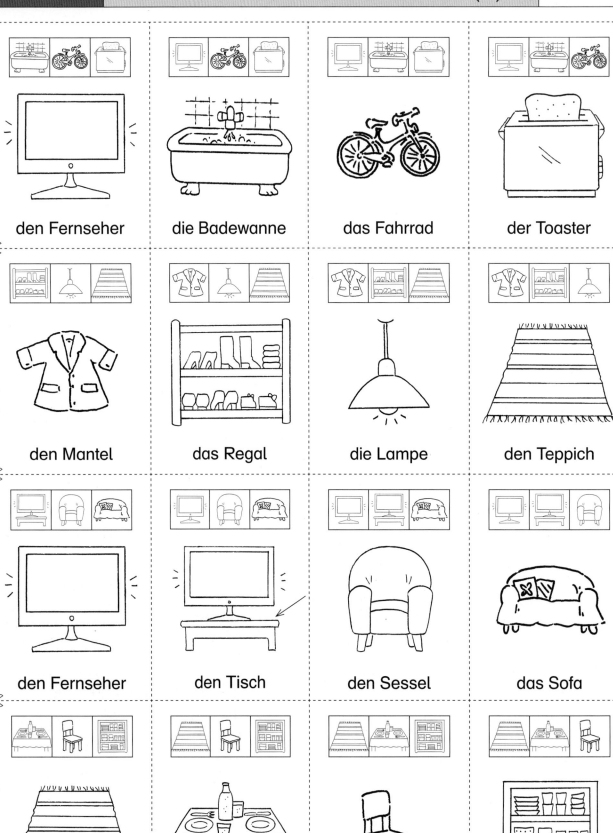

den Fernseher	die Badewanne	das Fahrrad	der Toaster
den Mantel	das Regal	die Lampe	den Teppich
den Fernseher	den Tisch	den Sessel	das Sofa
den Teppich	den Tisch	den Stuhl	das Regal

J. Boller/H. Jauernig: DaZ an Stationen
© Auer Verlag

Welches Wort passt nicht? Streiche es durch ✕ ✎ .

Diese Dinge sind in der Küche:

 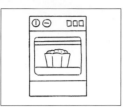  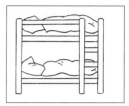

Diese Dinge sind nicht im Wohnzimmer:

   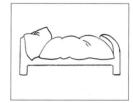

Darauf kannst du schlafen:

 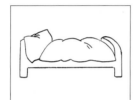 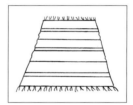 

Mein Hund sitzt gerne darauf:

  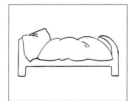 

Das ist in jedem Zimmer:

   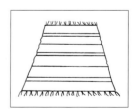

Das putzt mein Vater:

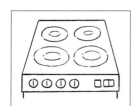 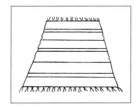  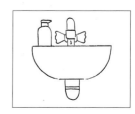

J. Boller/H. Jauernig: DaZ an Stationen
© Auer Verlag

1. Arbeite mit einem Partner  .

2.  : „Im Wohnzimmer ist ein Sofa. Im Schlafzimmer ist eine Badewanne. In der Küche sind fünf Betten."

3. Höre und male die Dinge in die Zimmer.

4. Wechselt euch ab.

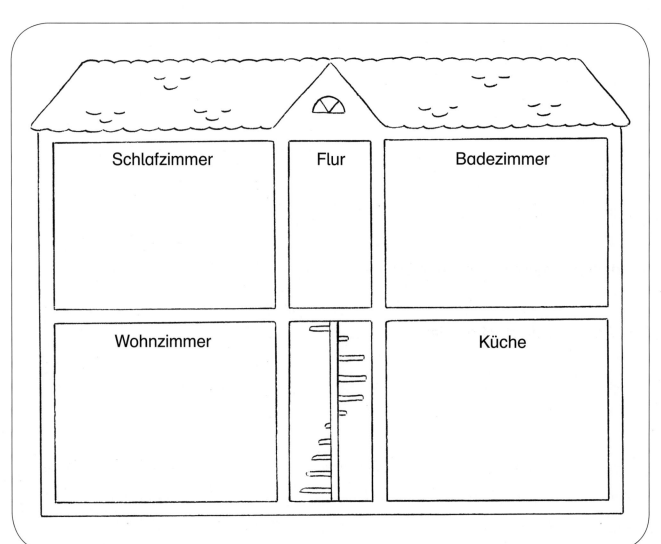

Setze die fehlenden Buchstaben ein ___.

Meine zwei Schwestern schlafen in einem __ __ __ __ __ __ __ __ .

In ihrem Zimmer haben sie auch ein __ __ __ __ zum Sitzen.

Mein Bruder hat ein __ __ __ __ __ mit vielen Büchern in seinem Zimmer.

Neben seinem __ __ __ __ steht ein kleiner Tisch mit einem __ __ __ __ __ __ .

Meine Mutter hat einen __ __ __ __ __ __ __ __ __ __ __ __ __ voller Kleidung.

Mein Vater sitzt gerne in seinem braunen __ __ __ __ __ __ und schaut auf den

__ __ __ __ __ __ __ __ __ .

Unsere Katze schläft gerne auf dem __ __ __ __ __ __ neben der großen __ __ __ __ __ __ .

Ich sitze gerne auf der __ __ __ __ __ __ __ __ und lese einen Comic.

In unserer Küche sind ein __ __ __ __ und ein __ __ __ __ __ __ __ __ .

Wir haben immer Milch in unserem __ __ __ __ __ __ __ __ __ __ __ .

Das Abendessen steht auf dem __ __ __ __ __ .

Im Badezimmer liegt ein weicher __ __ __ __ __ __ __ vor der

__ __ __ __ __ __ __ __ __ .

Lampe	Kleiderschrank	Wecker	Bett	Teppich	Stuhl
Regal	Badewanne	Sofa	Sessel	Backofen	Herd
Tisch	Kühlschrank	Fernseher	Toilette	Stockbett	

Lies und kreuze ✗ ✐ das richtige Wort an.

Ich sehe ein		☐ Flugzeug	☐ Auto	☐ Schiff

Ich sehe einen		☐ Fuß	☐ Kuss	☐ Bus

Ich sehe ein		☐ Fahrrad	☐ Zahnrad	☐ Einrad

Ich sehe einen		☐ Pflug	☐ Krug	☐ Zug

Ich sehe ein		☐ Brot	☐ Boot	☐ Beet

Ich sehe eine		☐ Rakete	☐ Trompete	☐ Fete

Ich sehe einen		☐ Kinderwagen	☐ Lastwagen	☐ Mietwagen

Ich sehe ein		☐ Auto	☐ Ufo	☐ Flugzeug

Ich sehe ein		☐ Taxi	☐ Boot	☐ Flugzeug

Ich sehe eine		☐ Kutsche	☐ Rakete	☐ U-Bahn

Ich sehe eine		☐ Ähre	☐ Fähre	☐ Beere

Ich sehe einen		☐ Heißluftballon	☐ Zeppelin	☐ Zug

Ich sehe ein		☐ Fahrrad	☐ Boot	☐ U-Boot

Ich sehe ein		☐ Taxi	☐ Schiff	☐ Auto

J. Boller/H. Jauernig: DaZ an Stationen
© Auer Verlag

Trage die Namen ein ____ .

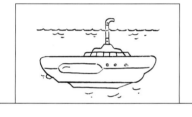

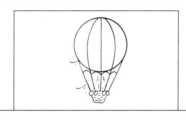

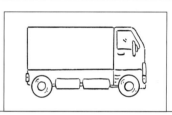

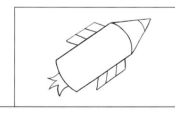

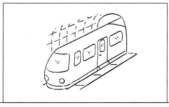

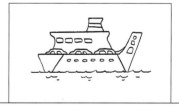

ffihcS	tooB-U	erhäF	nhaB-U	ixaT
negawtsaL	etekaR	tooB	guZ	darrhaF	suB
otuA	guezgulF	rebuarhcsbuH	nollabtfulßieH	

1. Arbeite mit Partnern

2. Legt alle Karten verdeckt auf den Tisch.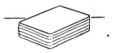

 : „Kannst du … (ein Auto fahren, eine Rakete fliegen …)?"

 : „Ja, ich kann …"/„Nein, ich kann kein/keinen/keine …"

3.   Wechselt euch ab.

„Ja, ich kann einen Bus fahren."

„Kannst du einen Bus fahren?"

„Nein, ich kann keinen Bus fahren."

Kannst du eine Rakete fliegen?

Kannst du ein Flugzeug fliegen?

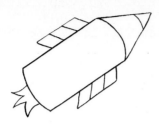

Kannst du ein Auto fahren?

Kannst du einen Bus fahren?

Kannst du ein Rennauto fahren?

Kannst du ein Motorrad fahren?

Kannst du einen Traktor fahren?

Kannst du eine U-Bahn fahren?

Kannst du ein Boot fahren?

Kannst du ein U-Boot fahren?

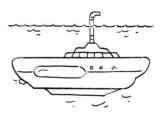

J. Boller/H. Jauernig: DaZ an Stationen
© Auer Verlag

Lies ～ und male 🖉 die Fahrzeuge an.

Meine Schwester hat ein lila Auto.

Das Schiff ist hellgrün und rot bemalt.

Das Taxi hat die Farben rosa und weiß.

Mein Vater ist Pilot. Sein Flugzeug ist bunt.

Der Ballon hat gelbe und blaue Streifen.

Der Busfahrer fährt den gelben Schulbus.

Dies ist eine bunte Rakete.

Ein lila-weißer Hubschrauber landet.

Wir nehmen die schwarze Fähre nach Schweden.

Wir leben alle in einem gelben U-Boot.

Der braune Zug kommt.

Ich habe ein dunkelblaues Fahrrad.

Das Boot auf dem See ist orange.

Selin fährt einen braunen Lastwagen.

Die U-Bahn ist blau und rot.

Station 5 Interview

Fahrzeuge

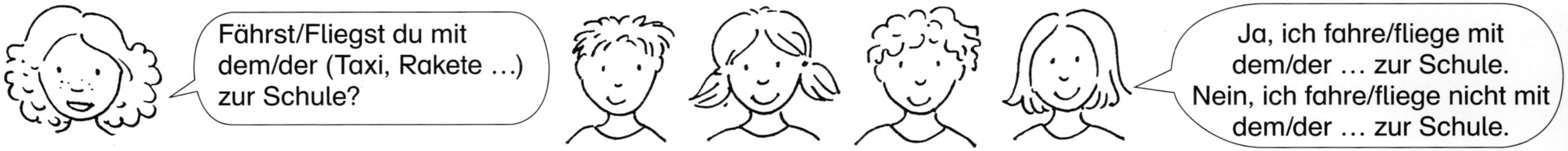

Fährst/Fliegst du mit dem/der (Taxi, Rakete …) zur Schule?
Ja, ich fahre/fliege mit dem/der … zur Schule.
Nein, ich fahre/fliege nicht mit dem/der … zur Schule.

✓ ✗

Name											**Läufst du zur Schule?**

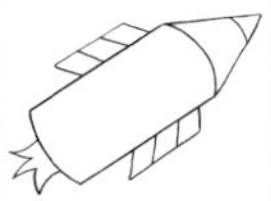

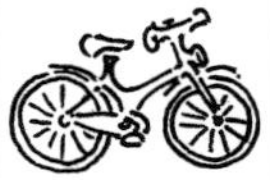

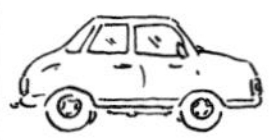

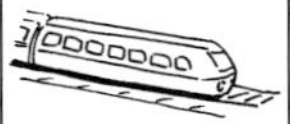

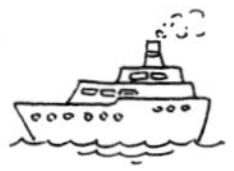

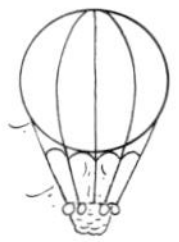

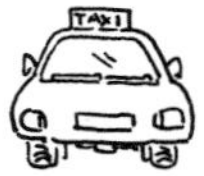

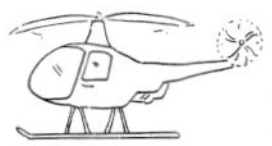

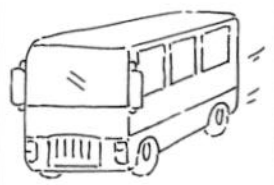

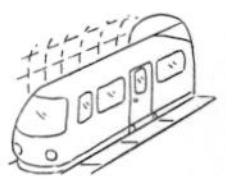

Sieh die Bilder an und schreibe einen Satz ____✎.

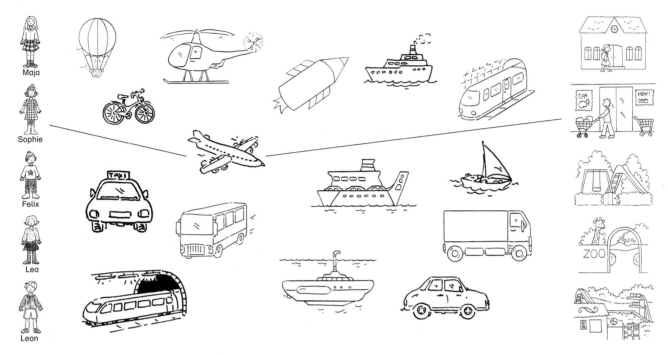

1. <u>Maja fliegt mit dem Flugzeug zum Supermarkt.</u> ____

2. <u>Felix fährt ...</u> ____

3. ____

4. ____

5. ____

6. ____

7. ____

8. ____

9. ____

10. ____

11. ____

12. ____

13. ____

14. ____

15. ____

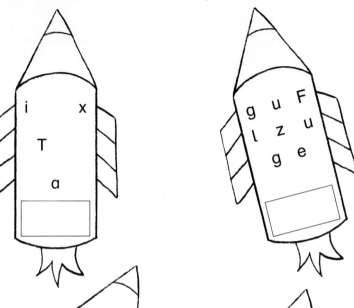

Ordne die Buchstaben und schreibe ____ die Wörter.

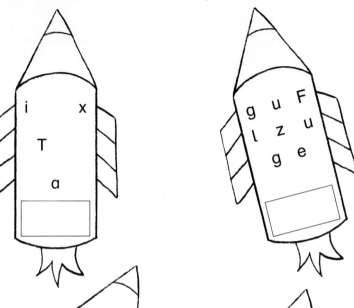
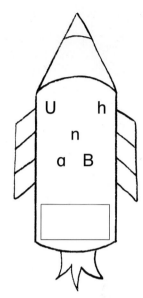
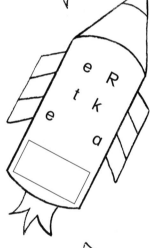
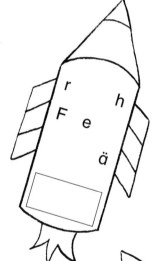
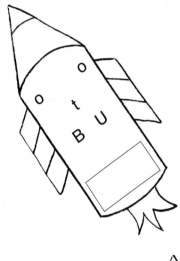
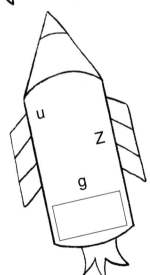
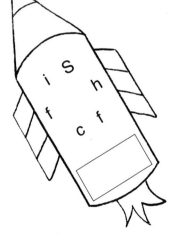

J. Boller/H. Jauernig: DaZ an Stationen
© Auer Verlag

Trage die Namen ein ✏.

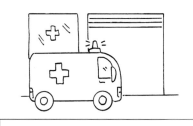

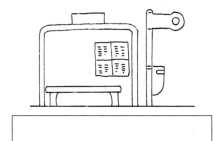

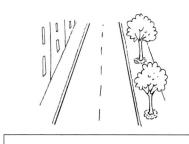

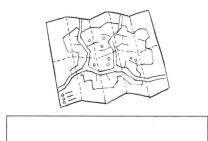

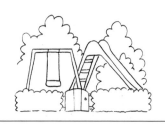

Post ✳ Polizei ✳ Bank ✳ Supermarkt ✳ Feuerwehr ✳ Straße ✳ Krankenhaus ✳ Hotel ✳ Stadtplan ✳ Spielplatz ✳ Schule ✳ Bushaltestelle

J. Boller/H. Jauernig: DaZ an Stationen
© Auer Verlag

1. Arbeite mit einem Partner  .

2. Male ✐ ein Gebäude, einen Stadtplan, eine Straße …

 : „Ist es ein/eine … (Hotel, Post …)?"

 : „Ja, es ist ein/eine …"/„Nein, es ist kein/keine …"

3. Wechselt euch ab.

Post	Polizei	Bank	Supermarkt	Feuerwehr
Straße	Krankenhaus	Hotel	Stadtplan	Spielplatz
Schule	Bushaltestelle	Rathaus		

1. Arbeite mit einem Partner  .

2. Mische die Karten  .

3. Nimm eine Karte .

 : „Wo ist ... (das Hotel, die Schule ...)?"

 : „Er/sie/es ist in der ..."

J. Botler/H. Jauernig: DaZ an Stationen
© Auer Verlag

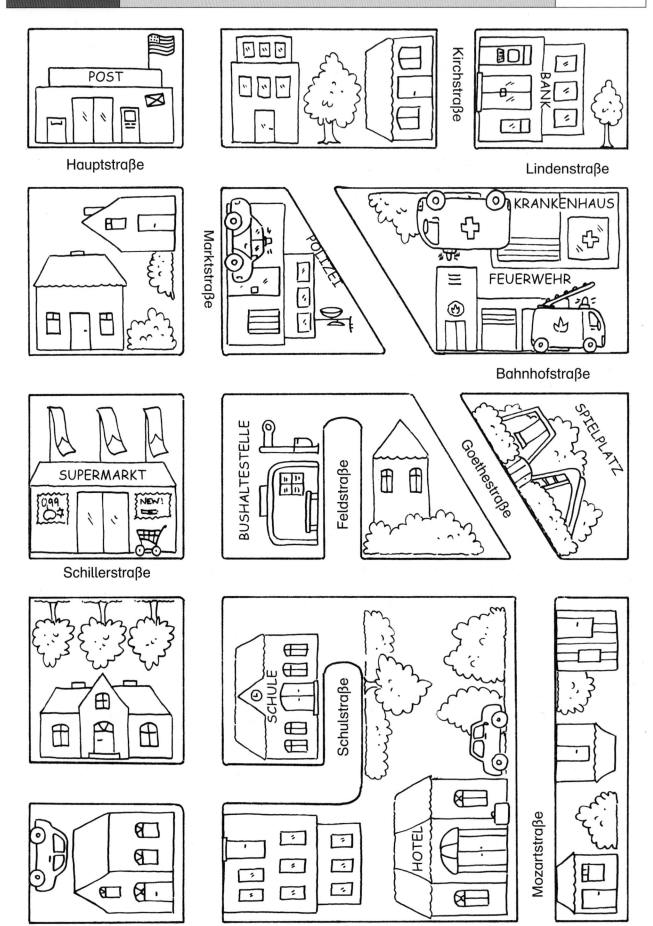

1. Arbeite mit einem Partner  .

2. Nenne deine Stadt (Berlin, Hamburg, München …).

 : „In … (Berlin, Hamburg, München …) ist ein Hotel in der … (Kirchstraße, Bahnhofstraße …).“

3. Höre und male die Gebäude in den Stadtplan.

4. Wechselt euch ab.

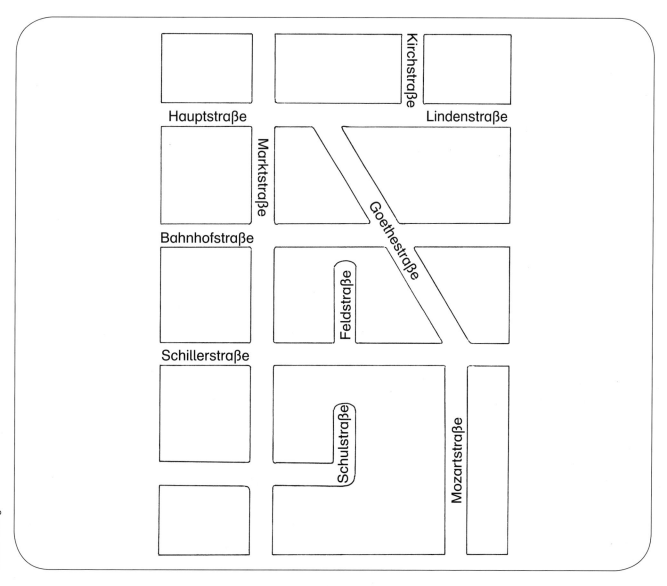

1. Arbeite mit einem Partner  .

H	ein Hotel	
B	eine Bank	
P	eine Post	
SM	ein Supermarkt	
SP	ein Spielplatz	
F	eine Feuerwehr	

2. Markiere die Gebäude.

	1	2	3	4	5	6	7
Goethestraße							
Hauptstraße							
Bahnhofstraße							
Schillerstraße			H				
Schulstraße							F
Feldstraße	PO						
Kirchstraße							

 : „Ist … (ein Hotel, eine Post …) in der (Bahnhof-
straße 3 …)?"

: „Ja, in der … ist ein/eine …. Treffer."/„Nein, in der … ist
kein/keine …

	1	2	3	4	5	6	7
Goethestraße							
Hauptstraße							
Bahnhofstraße							
Schillerstraße							
Schulstraße							
Feldstraße							
Kirchstraße							

	1	2	3	4	5	6	7
Goethestraße							
Hauptstraße							
Bahnhofstraße							
Schillerstraße							
Schulstraße							
Feldstraße							
Kirchstraße							

J. Boller/H. Jauernig: DaZ an Stationen
© Auer Verlag

Ordne die Buchstaben und schreibe die Wörter.

_____

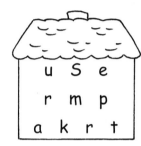

_____

_____

Bushaltestelle
Stadtplan   Hotel   Schule   Spielplatz
Feuerwehr   Supermarkt   Bank   Polizei   Straße
Post   Krankenhaus   Post

Finde den Weg und schreibe einen Satz _____.

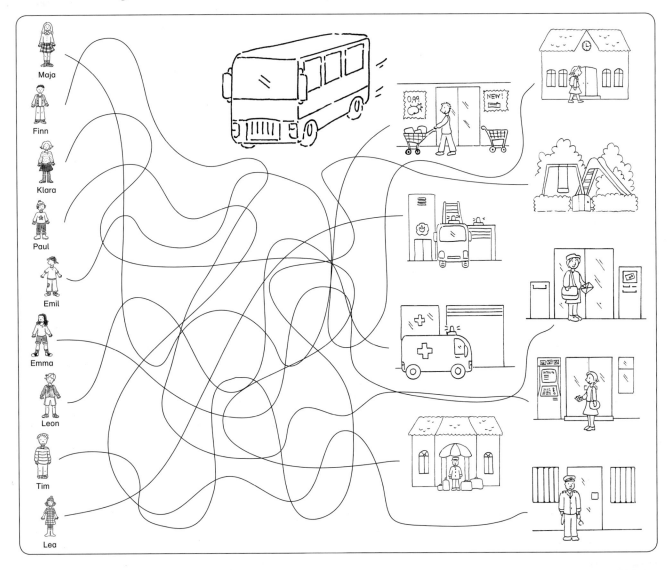

1. <u>Maja fährt mit dem Bus zur ...</u>_____

2. <u>Finn fährt ...</u>_____

3. _____

4. _____

5. _____

6. _____

7. _____

8. _____

9. _____

J. Boller/H. Jauernig: DaZ an Stationen
© Auer Verlag

Laufzettel

für _____

PFLICHTSTATIONEN

Stationsnummer	Erledigt am	Kontrolliert am
Nummer _____		
Nummer _____		
Nummer _____		
Nummer _____		
Nummer _____		
Nummer _____		
Nummer _____		
Nummer _____		

WAHLSTATIONEN

Stationsnummer	Erledigt am	Kontrolliert am
Nummer _____		
Nummer _____		
Nummer _____		
Nummer _____		
Nummer _____		
Nummer _____		
Nummer _____		

Lösungen

1	T-Shirt	Bluse	~~neun~~	Hemd	Zahl
2	Turnschuhe	~~Vogel~~	Stiefel	Schuhe	Tier
3	~~Haare~~	Jeans	Pullover	Rock	Körperteil
4	Jacke	Mantel	~~grün~~	Bluse	Farbe
5	Rock	~~fünf~~	Hemd	Hose	Zahl
6	Strumpfhose	Kleid	Rock	~~Hund~~	Tier
7	~~Katze~~	Socken	Mütze	Hut	Tier
8	Schal	Turnschuhe	Mantel	~~zwei~~	Zahl
9	~~Fuß~~	Hemd	Jacke	Schuhe	Körperteil
10	T-Shirt	~~rot~~	Strumpfhose	Jeans	Farbe

Mein Lösungswort: K L E I D U N G

J. Boller/H. Jauernig: DaZ an Stationen
© Auer Verlag

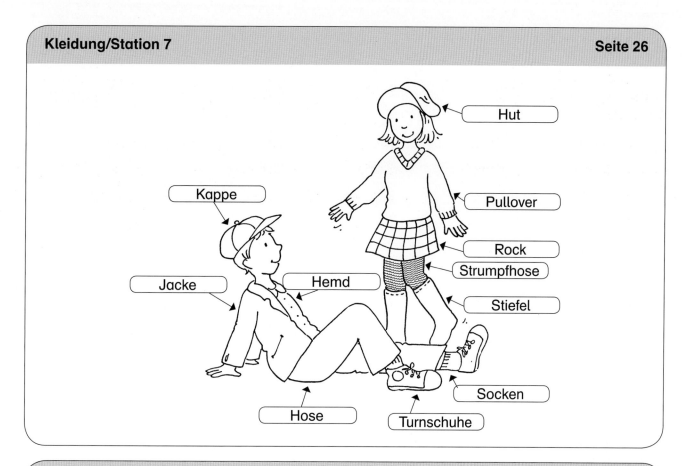

Hut

Kappe

Pullover

Rock

Strumpfhose

Jacke

Hemd

Stiefel

Hose

Turnschuhe

Socken

C	A	K	L	P	Z	E	Q	W	A	I	B	C	H	L
R	P	E	P	F	I	R	S	I	C	H	Z	O	P	T
A	F	F	G	I	T	A	Q	X	Z	U	E	E	B	J
X	E	V	F	B	R	U	R	A	C	F	G	S	I	T
E	L	E	M	A	L	T	J	O	A	G	H	K	M	A
N	U	I	O	N	Z	Z	I	T	R	O	N	E	M	N
L	A	Q	S	A	J	U	D	B	B	X	C	N	I	B
S	E	Z	J	N	F	C	A	G	W	T	Z	F	H	I
R	T	E	C	E	A	D	G	H	O	P	W	A	D	R
B	N	N	A	N	E	T	Z	U	E	O	E	K	J	N
H	R	E	S	U	K	L	I	K	I	R	S	C	H	E
D	F	X	A	B	P	U	R	B	M	A	G	B	C	Y
Q	E	F	H	U	L	O	V	N	Y	N	E	I	K	O
E	R	D	B	E	E	R	E	Z	T	G	U	T	S	A
A	P	F	H	R	L	C	H	G	Z	E	S	C	H	N

Butter	Honig	Eier
Milch	Marmelade	
Tee	Brot	
Toast	Käse	

Nahrungsmittel/Station 8 Seite 36

1	Butter	Toast	~~Katze~~	Marmelade	Tier
2	Honig	~~Turnschuhe~~	Käse	Brot	Kleidung
3	Marmelade	Eier	~~fünf~~	Butter	Zahl
4	~~rot~~	Milch	Toast	Honig	Farbe
5	Brot	Marmelade	~~Hose~~	Milch	Kleidung
6	Käse	~~gelb~~	Eier	Brot	Farbe
7	Milch	Butter	Käse	~~Kleid~~	Kleidung
8	~~Hund~~	Eier	Tee	Honig	Tier

Nahrungsmittel/Station 9 Seite 37

Es ist ein Brot mit Salat, Tomate, Salami und Gurke.
_____

Es ist ein Brot mit Tomate, Käse und Gurke.
_____

Es ist ein Brot mit Ei, Tomate und Salat.
_____

Es ist ein Brot mit Schinken, Gurke, Käse und Salat.
_____

Nahrungsmittel/Station 10 Seite 38

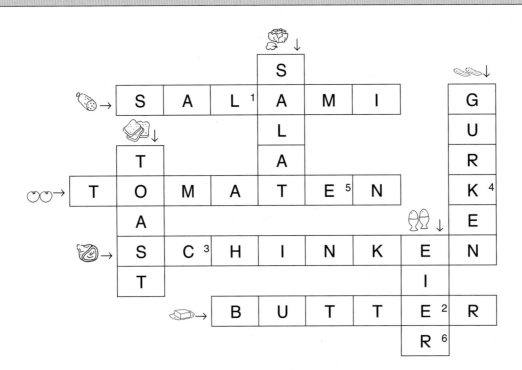

Mein Lösungswort:

L E C K E R
1 2 3 4 5 6

J. Boller/H. Jauernig: DaZ an Stationen
© Auer Verlag

Tom hat ein Pausenbrot mit Brot, Salami, Gurken und Salat.

Julia hat ein Sandwich mit Toast, Schinken, Tomaten und Eiern.

Felix hat ein Pausenbrot mit Brot, Tomaten, Käse, Butter und Salat.

Eva hat ein Pausenbrot mit Brot, Butter, Tomaten, Gurken und Salat.

a m i
a l S
Salami

u   r
G k e
Gurke

u t   r
B e t
Butter

B   o
t   r
Brot

s ä
e   K
Käse

i   e
E   r
Eier

l   a
a t S
Salat

m   o e
T t a
Tomate

2. Welches Wort fehlt? _Schinken_

Clara hat zwei Bleistifte, einen Füller, vier Radiergummis, ein Lineal, fünf Filzstifte und drei Spitzer.

Paul hat eine Schultasche, ein Mäppchen, vier Bücher, drei Lineale, zwei Füller, zwei Radiergummis und drei Hefte.

Oskar hat acht Filzstifte, eine (kleine) Tafel, eine Schultasche, sechs Schnellhefter, neun Bleistifte und zwei Bücher.

Luca hat einen Stuhl, vier Füller, drei Radiergummis, zwei Mäppchen, fünf Bücher, zwei Schultaschen und drei (kleine) Tafeln mit zwei Schwämmen.

A	U	G	V	S	P	F	E	Z	U	V	B	W	E	H
B	L	E	I	S	T	I	F	T	J	S	X	M	L	E
E	R	D	Y	A	B	L	D	S	P	C	O	R	H	F
A	S	W	B	N	X	Z	T	U	K	H	L	I	M	T
R	L	F	R	A	E	S	U	G	B	U	C	H	Z	R
Z	M	Ü	G	F	A	T	J	F	I	L	G	E	R	M
S	J	L	H	S	P	I	T	Z	E	R	A	X	B	Ä
D	N	L	E	U	P	F	O	L	L	A	U	T	N	P
L	X	E	D	A	W	T	Z	E	B	N	S	A	M	P
O	R	R	Q	D	B	N	J	M	U	Z	F	F	U	C
W	E	O	F	I	O	P	L	E	X	E	S	E	I	H
L	I	N	E	A	L	A	Z	C	H	N	A	L	P	E
S	C	H	A	W	Q	R	E	D	I	Z	E	Q	O	N
Y	L	P	R	A	D	I	E	R	G	U	M	M	I	R
D	U	B	N	L	P	M	A	T	E	I	O	B	N	M

J. Boller/H. Jauernig: DaZ an Stationen
© Auer Verlag

Das ist ein lila Radiergummi.

Das ist ein … Schulranzen.

 Das ist ein … Bleistift.

Das ist ein … Federmäppchen.

 Das ist ein … Buch.

Das ist ein … Lineal.

 Das ist ein … Füller.

Das ist ein … Spitzer.

 Das ist eine … Tafel.

Das ist ein … Filzstift.

 Das ist ein … Heft.

Das ist ein … Schnellhefter.

Haus/Station 1

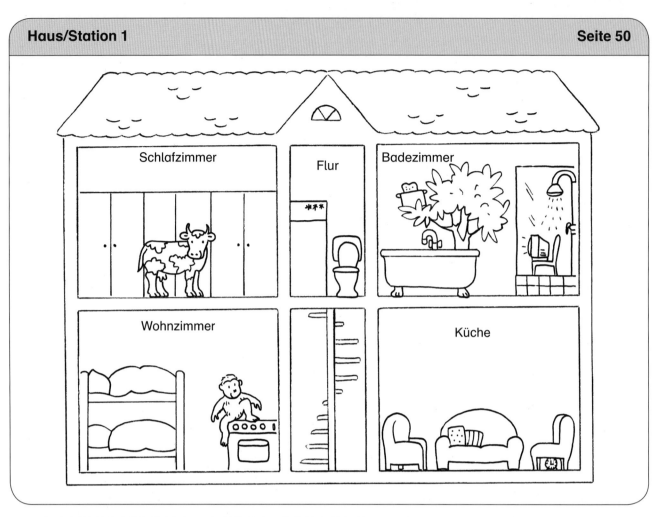

Schlafzimmer

Flur

Badezimmer

Wohnzimmer

Küche

Haus/Station 2

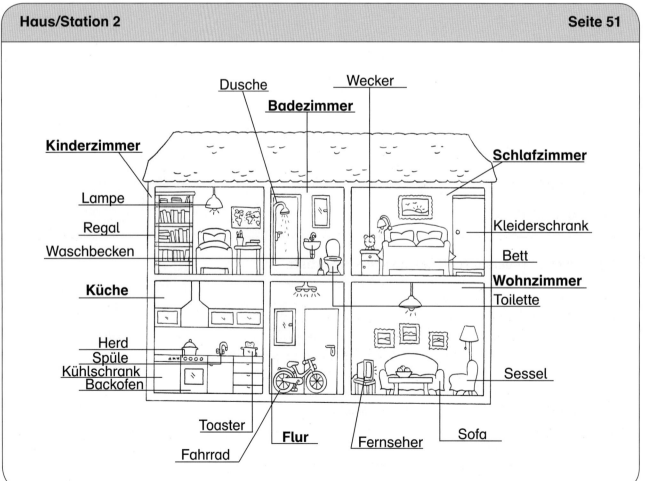

Dusche

Wecker

Badezimmer

Kinderzimmer

Schlafzimmer

Lampe

Regal

Waschbecken

Kleiderschrank

Bett

Küche

Wohnzimmer

Toilette

Herd

Spüle

Kühlschrank

Backofen

Sessel

Toaster

Flur

Fahrrad

Fernseher

Sofa

Diese Dinge sind in der Küche:

Diese Dinge sind nicht im Wohnzimmer:

Darauf kannst du schlafen:

Mein Hund sitzt gerne darauf:

Das ist in jedem Zimmer:

Das putzt mein Vater:

Meine zwei Schwestern schlafen in einem **Stockbett**.
In ihrem Zimmer haben sie auch ein **Sofa** zum Sitzen.
Mein Bruder hat ein **Regal** mit vielen Büchern in seinem Zimmer.
Neben seinem **Bett** steht ein kleiner Tisch mit einem **Wecker**.
Meine Mutter hat einen **Kleiderschrank** voller Kleidung.
Mein Vater sitzt gerne in seinem braunen **Sessel** und schaut auf den **Fernseher**.
Unsere Katze schläft gerne auf dem **Stuhl** neben der großen **Lampe**.
Ich sitze gerne auf der **Toilette** und lese einen Comic.
In unserer Küche sind ein **Herd** und ein **Backofen**.
Wir haben immer Milch in unserem **Kühlschrank**.
Das Abendessen steht auf dem **Tisch**.
Im Badezimmer liegt ein weicher **Teppich** vor der **Badewanne**.

Ich sehe ein 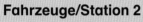 · ☐ Flugzeug ☒ Auto ☐ Schiff

Ich sehe einen ⬜ · ☐ Fuß ☐ Kuss ☒ Bus

Ich sehe ein 🚲 · ☒ Fahrrad ☐ Zahnrad ☐ Einrad

Ich sehe einen 🚄 · ☐ Pflug ☐ Krug ☒ Zug

Ich sehe ein ⛵ · ☐ Brot ☒ Boot ☐ Beet

Ich sehe eine 🚀 · ☒ Rakete ☐ Trompete ☐ Fete

Ich sehe einen 🚚 ·
☐ Kinderwagen ☒ Lastwagen ☐ Mietwagen

Ich sehe ein ✈ · ☐ Auto ☐ Ufo ☒ Flugzeug

Ich sehe ein 🚕 · ☒ Taxi ☐ Boot ☐ Flugzeug

Ich sehe eine 🚈 · ☐ Kutsche ☐ Rakete ☒ U-Bahn

Ich sehe eine ⛴ · ☐ Ähre ☒ Fähre ☐ Beere

Ich sehe einen 🎈 · ☒ Heißluftballon ☐ Zeppelin ☐ Zug

Ich sehe ein 🚤 · ☐ Fahrrad ☒ Boot ☐ U-Boot

Ich sehe ein 🚢 · ☐ Taxi ☒ Schiff ☐ Auto

Bus	Auto	Fahrrad	Flugzeug	Schiff
	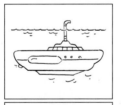			
Taxi	U-Boot	Heißluftballon	Lastwagen	Zug
		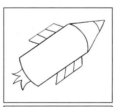	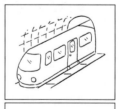	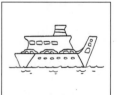
Hubschrauber	Boot	Rakete	U-Bahn	Fähre

J. Boller/H. Jauernig: DaZ an Stationen
© Auer Verlag

i x
T
a
Taxi

g u F
l z e
u
g
e
Flugzeug

U h
n
a B
U-Bahn

e R
t k
e a
Rakete

r h
F e
ä
Fähre

o t
B U
U-Boot

u
Z
g
Zug

i S h
f c f
Schiff

a r
F r
d h a
Fahrrad

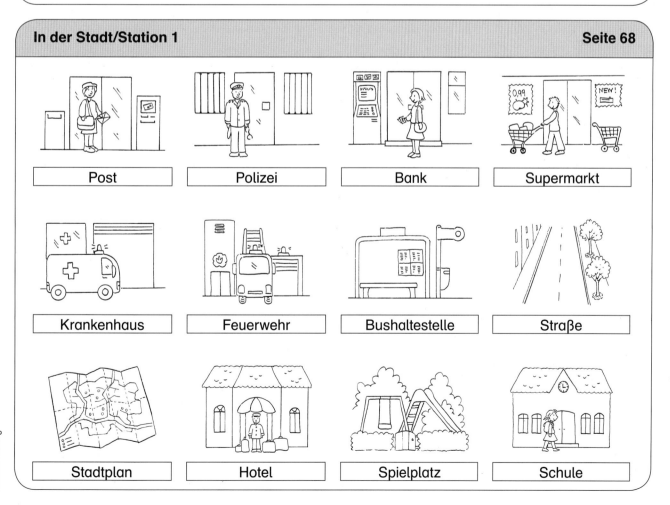

Post	Polizei	Bank	Supermarkt
Krankenhaus	Feuerwehr	Bushaltestelle	Straße
Stadtplan	Hotel	Spielplatz	Schule

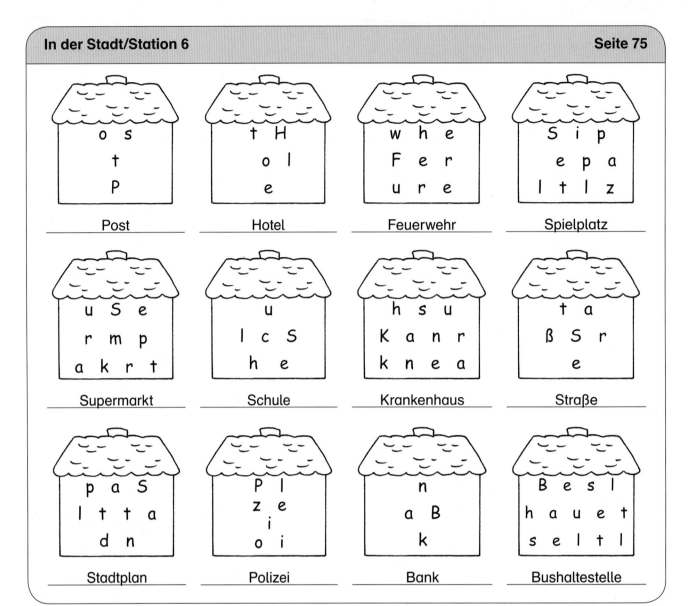

o s t P	t H o l e	w h e F e r u r e	S i p e p a l t l z
Post	Hotel	Feuerwehr	Spielplatz

u S e r m p a k r t	u l c S h e	h s u K a n r k n e a	t a ß S r e
Supermarkt	Schule	Krankenhaus	Straße

p a S l t t a d n	P l z e i o i	n a B k	B e s l h a u e t s e l t l
Stadtplan	Polizei	Bank	Bushaltestelle

1. Maja fährt mit dem Bus zum Supermarkt.
2. Finn fährt mit dem Bus zur Bank
3. Klara fährt mit dem Bus zum Hotel
4. Paul fährt mit dem Bus zur Polizei.
5. Emil fährt mit dem Bus zur Schule.
6. Emma fährt mit dem Bus zur Post.
7. Leon fährt mit dem Bus zum Krankenhaus.
8. Tim fährt mit dem Bus zum Spielplatz.
9. Lea fährt mit dem Bus zur Feuerwehr.

J. Boller/H. Jauernig: DaZ an Stationen
© Auer Verlag